SUSSURROS DE GANESHA

Angela Hartfield

Sussurros de Ganesha

Tradução:
Soraya Borges de Freitas

MADRAS®

Publicado originalmente em inglês sob o título *Whispers of Lord Ganesha*, por Blue Angel Publishing.
© 2016, texto, Angela Hartfield
© 2016, ilustrações, Ekaterina Golovanova

Direitos de edição e tradução para o Brasil.
Tradução autorizada do inglês.
© 2022, Madras Editora

Editor:
Wagner Veneziani Costa

Tradução:
Soraya Borges de Freitas

Revisão da Tradução:
Larissa Wostog Ono

Revisão:
Ana Paula Luccisano
Arlete Genari

Dados Internacionais de Catalogação na Publicação (CIP)
(Câmara Brasileira do Livro, SP, Brasil)

Hartfield, Angela
 Sussurros de ganesha / Angela Hartfield ; tradução Soraya Borges de Freita. -- São Paulo : Madras, 2022.
 Título original: Whispers of lord Ganesha
 Bibliografia
 ISBN: 978-85-370-1090-7
 1. Ganesha (Divindade hindu) 2. Hinduísmo 3. Vida espiritual - Hinduísmo I. Título.
 17-07452   CDD-294.5211

Índices para catálogo sistemático:
 1. Ganesha : Divindade : Hinduísmo : Religião
      294.5211

É proibida a reprodução total ou parcial desta obra, de qualquer forma ou por qualquer meio eletrônico, mecânico, inclusive por meio de processos xerográficos, incluindo ainda o uso da internet, sem a permissão expressa da Madras Editora, na pessoa de seu editor (Lei nº 9.610, de 19/2/1998).

Todos os direitos desta edição, em língua portuguesa, reservados pela

MADRAS EDITORA LTDA.
Rua Paulo Gonçalves, 88 — Santana
CEP: 02403-020 — São Paulo/SP
Caixa Postal: 12183 — CEP: 02013-970
Tel.: (11) 2281-5555 — Fax: (11) 2959-3090
www.madras.com.br

Que o Senhor Ganesha lhe conceda
Um arco-íris depois de cada tempestade,
Um sorriso depois de cada lágrima,
Uma promessa para cada cuidado,
Uma resposta para cada oração.

– Anônimo

ÍNDICE

Introdução 11
   Instruções do Manual *Sussurros*
   de Ganesha 13
   Como Usar o Oráculo
   Sussurros de Ganesha 14
   Passos para Usar o Oráculo
   Sussurros de Ganesha 15
      Purifique suas Cartas 15
      Prepare-se para Ler suas Cartas 16
      Faça uma Pergunta 16
      Embaralhe as Cartas 17
      Escolha uma Carta 17
Outras Técnicas para Empregar
com as Cartas 18
      Leitura de Três Cartas 18
      Mensagem Diária 19
      Leitura das Relações 19
      Leitura da Ferradura de Ganesha 20
Significados das Cartas 21

1. Inícios 22
2. Entrega 23
3. Diversão 24
4. Reflexão 26
5. Movimento Energético 27
6. Desempenho 29
7. Sustento 30
8. Promessa de Futuro 31
9. Concentração 32
10. Generosidade 33
11. Abraço 34
12. Expressão Infantil 35
13. Compreensão 37
14. Impulso 38
15. Revelação 39
16. Limpeza Energética 40
17. Conhecimento Interior 42
18. Mente Aberta 44
19. Prática Espiritual 46
20. Proteção 48
21. Determinação 50
22. Harmonia 52
23. Fortalecimento 53
24. Plenitude 55
25. Seja Franco 57
26. Intuição 59
27. Iluminação 60
28. Perseverança 62

29. Pensamento Positivo 64
30. Prioridades 65
31. Decisão 66
32. Imobilidade 68
33. Orientação 70
34. Capacidade de Amar 72
35. Transformação Pessoal 74
36. Cura 76
37. Refinamento 77
38. Criação 79
39. Aceitação 81
40. Busca Espiritual 83
41. Pertencimento 84
42. Conquista 86
43. Inocência 88
44. Bênçãos 90
45. Prosperidade 92
46. Esplendor 94
47. Alegria 95
48. Amparo Divino 97
49. Relaxamento 99
50. Coragem 101
Bibliografia 103

Nota do editor internacional:

Este material é apenas para uso pessoal. Nenhum trecho destas cartas ou deste livro deve ser reproduzido de qualquer forma, na totalidade ou em partes, sem o consentimento por escrito do proprietário dos direitos autorais ou do editor. As cartas servem apenas para orientação espiritual e emocional. Elas não devem substituir a consulta com seu médico ou seu tratamento de saúde.

O livro e as mensagens das cartas são de Angela Hartfield. A ilustração das cartas é de Ekaterina Golovanova e a edição, de Tanya Graham.

Introdução

Ganesha é a divindade com cabeça de elefante do panteão hindu. Ele é um dos deuses mais populares e amados. É também conhecido como Ganapati ou Vinayaka. Todo culto na tradição veda começa com a invocação de Ganesha.

Ele remove os obstáculos do caminho da pessoa e promove o sucesso em todas as áreas. Acredita-se que aqueles que o cultuam nunca devem temer o fracasso. Ele concede conhecimento a quem busca sabedoria, prosperidade a quem busca ganhos materiais, filhos a quem deseja uma família e salvação (conhecida como *moksha*) aos indivíduos em um caminho espiritual.

Ganesha é considerado o Senhor das Letras e do Aprendizado. Em sânscrito, a palavra *buddhi* é um substantivo feminino que costuma ser traduzida como inteligência, sabedoria ou intelecto. A ideia de *buddhi* está intimamente ligada à personalidade de Ganesha. Muitas histórias sobre ele enfatizam sua esperteza e seu amor pela inteligência. Ele é o equilíbrio perfeito entre força e bondade, poder e beleza. Além disso, Ganesha ampara e orienta todos os chacras.

Sua característica mais marcante é a cabeça de elefante, símbolo auspicioso de força e capacidade intelectual. Todas as qualidades do elefante estão incluídas na forma de Ganapati. Ele é o maior e mais forte dos animais da floresta. Mesmo assim é gentil e, por incrível que pareça, um vegetariano, ou seja, não mata para se alimentar. Ele é muito carinhoso e leal ao seu protetor, bem como muito influenciado se recebe amor e bondade. Ganesha, embora poderoso, também é amoroso, clemente e fica tocado pelo afeto de seus devotos. Mas, ao mesmo tempo, o elefante pode destruir uma floresta inteira e se comportar como um exército de um homem só quando provocado. Ele também tem uma força formidável e pode ser implacável ao eliminar o mal.

No Hinduísmo, praticamente todos os rituais começam com o culto a Ganesha. Sua imagem convoca o Universo, sua cabeça significa sabedoria e seu corpo é globular, evocando a Terra. Ele representa a majestade do reino animal com sua cabeça. Representações de Ganesha costumam mostrá-lo usando como meio de transporte um camundongo que foi domado. O contraste entre o peso do elefante e a leveza do camundongo simboliza a habilidade de Ganesha de trazer união e harmonia, e o fato de ele domar o camundongo, normalmente considerado uma praga, representa, assim, o controle do desejo. Na mitologia hindu, é descrito como se apresentasse forma humana e cabeça de elefante. Um de seus dentes está quebrado. Seu estômago é muito grande. Costuma estar cercado por vários alimentos. Sua forma mística representa não apenas o estado supremo da perfeição humana, mas também o caminho prático para atingir a perfeição. As muitas histórias e símbolos associados a ele têm um significado filosófico profundo. Aprender sobre Ganesha e expandir sua energia para se conectar a ele abre a oportunidade para você receber as muitas bênçãos concedidas por esse deus benevolente.

Instruções do Manual
Sussurros de Ganesha

Este manual apresenta o significado geral de cada carta do oráculo.

As cartas estão em ordem numérica.

Veja o índice no início para encontrar a página que contenha o significado da carta escolhida. Enquanto lê, pense como essa carta pode se relacionar com sua situação ou a pergunta que você faz. Preste atenção a qualquer intuição ou pensamentos adicionais que possa ter, pois eles também dão pistas do que a carta significa para você. Analise a carta em sua totalidade, para ver se algum aspecto da imagem se destaca, parece realçado ou enfatizado.

O objetivo deste oráculo é auxiliá-lo a se conectar com a bela energia do Senhor Ganesha. Ele o ajudará a desenvolver uma visão mais amorosa e positiva na sua vida, remover obstáculos no seu caminho e conceder graças infinitas.

Como Usar o Oráculo
Sussurros de Ganesha

Um oráculo de cartas é uma ferramenta antiga para se conectar com as mensagens do Universo. Essas cartas são seguras e criadas com as melhores intenções. Nunca esqueça que essas são suas cartas. Só você pode manipulá-las. As mensagens que atrair serão para você e se baseiam na Lei da Atração.

As cartas que você tirar combinam com a vibração da sua energia naquele instante. Você pode tirar a mesma carta várias vezes seguidas. Assim, saberá que a mensagem concorda com o que você precisa saber no momento.

Usar cartas pode dar apoio e curar, pois elas são um elo direto entre você e o benefício obtido ao conhecê-las. Se considerar que está em um momento perturbador da sua vida, as cartas o ajudarão a entender como você pode atrair mais o amor, a sabedoria e a orientação de Ganesha para sua energia, trazendo mais paz e tranquilidade.

Passos para Usar o Oráculo
Sussurros de Ganesha

Purifique suas Cartas
É importante saber que suas cartas são sensíveis às vibrações e podem ter absorvido energia na fabricação. Você pode purificar suas cartas antes de usá-las para elas transmitirem a informação que deseja.

Para fazer isso, segure as cartas na sua mão não dominante (aquela que você não usa para escrever). Visualize Ganesha e peça sua bênção para você e o oráculo. Se não estiver muito familiarizado com a imagem de Ganesha, concentre-se na carta de cima do oráculo. Segure as cartas na altura do coração e sinta seu amor inundar o oráculo. Então, você pode começar a se familiarizar com suas cartas. Observe cada uma e embaralhe-as bem.

Esse processo é um tipo de introdução pessoal para depositar sua energia nas cartas. Você está conhecendo suas cartas para se sentir confortável com elas.

Use e interprete as cartas ao seu modo. Leia o manual para ver se a mensagem revela o que você precisa saber. Mas não pense que você deve depender do manual. Confie no que sente, vê ou conhece. Cada carta representará algo específico para você, mas pode ter um significado completamente diferente se estiver lendo a carta para outra pessoa. Você logo começará a integrar sua mente intuitiva ao conhecimento das cartas e mensagens de Ganesha para sua interpretação pessoal.

É importante dar importância a seu oráculo sagrado. Algumas pessoas o embrulham em seda e o guardam em uma caixa especial de madeira. Trate as cartas com amor e respeito.

Prepare-se para Ler suas Cartas
Quando estiver pronto, tire as cartas da caixa. Segure-as, feche os olhos e concentre-se. Sente-se firmemente no chão imaginando raízes crescendo dos seus pés em direção à Mãe Natureza. Convide Ganesha a se unir à sua energia e peça para que ele o ajude com a leitura que está prestes a começar. Respire fundo algumas vezes enquanto limpa sua mente. Embaralhe as cartas para depositar sua energia nelas.

Faça uma Pergunta
Depois de embaralhar as cartas várias vezes, pense em uma pergunta sobre a qual você quer ouvir a verdade. Se estiver lendo as cartas para outra pessoa, peça para ela fazer a pergunta que quiser, em voz alta ou em silêncio. Você não precisa ouvir a pergunta para tirar uma carta e dar uma resposta.

Embaralhe as Cartas

Depois de feita a pergunta, embaralhe as cartas de novo e preste atenção às sensações que começar a ter. Você pode notar pensamentos, sons ou ter visões a respeito da sua pergunta. Pare de embaralhar quando sentir que é o momento certo. As cartas podem parecer diferentes ou você pode se sentir compelido a parar. Não pense que está fazendo errado. Você vai parar de embaralhar na hora certa para você.

Escolha uma Carta

Você pode tirar uma carta de cima do monte do oráculo ou pode cortar as cartas e olhar aquela que ficar no meio.

Depois de selecionar uma carta, olhe para a imagem por um tempo. Perceba os pensamentos ou as impressões que você tiver relativos à carta. Então procure pelo significado neste livro. Abra-se para receber o amor e a orientação da carta.

Em todas as leituras, a relação das cartas entre si é importante. Ao ler, analise as conexões. Quantas compartilham os mesmos elementos? Há um fio condutor ou tema em comum? Preste atenção ao que estiver representado na carta, pois isso também pode lhe transmitir uma mensagem mais profunda.

Outras Técnicas para Empregar com as Cartas

Leitura de Três Cartas

```
┌─────┐  ┌─────┐  ┌─────┐
│     │  │     │  │     │
│  1  │  │  2  │  │  3  │
│     │  │     │  │     │
└─────┘  └─────┘  └─────┘
```

Depois de completar os passos para purificar o oráculo, entre outros passos preparatórios descritos anteriormente, escolha três cartas do topo do oráculo. Coloque a primeira à sua esquerda, a segunda no centro e a terceira à direita, com as imagens e palavras voltadas para baixo. Vire cada carta por vez.

A carta à esquerda (carta 1) conta sobre o passado (o que aconteceu até este momento) ou que lição você tira.

A carta do meio (carta 2) tem informações sobre sua situação atual, o que tenta aprender ou o que deveria saber agora. Ela pode se relacionar ao momento presente e incluir até os três meses posteriores.

A carta à direita (carta 3) mostra o que virá em um futuro próximo (três a seis meses). Pode mostrar também o que você precisa fazer para alcançar a situação que deseja.

Mensagem Diária

Você pode embaralhar as cartas e perguntar qual mensagem elas têm para você ou no que você precisa concentrar seus pensamentos naquele dia.

Leitura das Relações

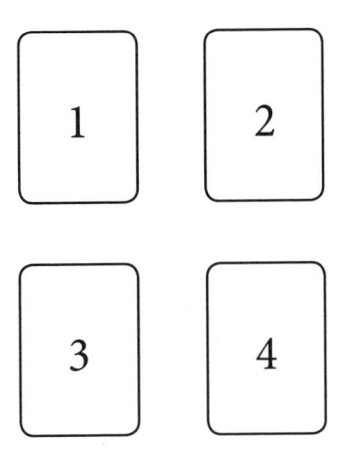

```
┌───┐  ┌───┐
│ 1 │  │ 2 │
└───┘  └───┘

┌───┐  ┌───┐
│ 3 │  │ 4 │
└───┘  └───┘
```

Essa leitura oferece uma análise rápida em seu relacionamento com outra pessoa, seja ela seu chefe, amor, amigo, colega ou parentes.

Carta 1 – você e como contribui com o relacionamento aqui/agora
Carta 2 – o outro, a participação do outro no relacionamento
Carta 3 – as energias combinadas
Carta 4 – uma ideia ou orientação para a situação

Leitura da Ferradura de Ganesha

```
       [3]
   [2]     [4]
[1]           [5]
```

Use-a para ajudá-lo a discernir qual será seu próximo passo e quais obstáculos podem estar em seu caminho.

Carta 1 – onde você está agora
Carta 2 – seu próximo passo ou tarefa
Carta 3 – obstáculos
Carta 4 – força e recursos
Carta 5 – novo foco ou consequência

Significados das Cartas

1. Início

No início de cada esforço, você encontrará Ganesha.

Esta é uma indicação de nova energia no horizonte que traz oportunidades generosas. Preste atenção para onde você vai.

Às vezes, um novo início pode ter uma importância espiritual mais profunda, encorajando uma consideração diferente ou uma nova abordagem a como você se conecta com sua orientação interior. Com a consciência vem a compreensão. Um benefício desse novo começo pode ser a oportunidade de permanecer verdadeiro ao seu caminho e orientação.

Livre-se da necessidade de trazer os outros para sua visão. Confie em si e esteja disposto a fazer o trabalho necessário neste momento. Sua inspiração é positiva. Criatividade, dinheiro e amor estão fluindo à sua frente. Peça a Ganesha para ajudá-lo com a nova energia e as oportunidades diante de si.

2. ENTREGA

No estado de sono, as manifestações se consolidam.

Esta é uma chance para descansar e se recuperar dos desafios e das várias lições que surgiram no seu caminho recentemente. Ganesha está lhe oferecendo a opção de se retirar para um ambiente tranquilo para reabastecer as energias e recuperar sua compostura.

Você precisa estabilizar sua energia e reconhecer que estava envolto em um momento cheio de estresse. Com breves períodos de repouso, você conseguirá aumentar seus níveis de concentração e energia, além de trazer mais paz ao seu coração. Isso o preparará para começar de novo. Não importa o tamanho da sua tarefa, momentos de recuperação, incluindo uma boa noite de sono, são importantes para curar o corpo e recolocar positividade na sua mente.

Independentemente do que estiver enfrentando, Ganesha o lembra com gentileza a se entregar a esse desafio por um instante. Você pode esperar tendo em mente que, quando estiver pronto, a tarefa estará lá para você. Se estiver tentando tomar uma decisão ou fazer uma mudança, esta pode não ser a melhor hora. Dê-se esse tempo tão necessário e decida quando estiver com a mente mais tranquila.

3. Diversão

Nascemos com o dom do riso. O riso é um remédio natural.

O riso pode ajudar de diversas formas que você nunca percebeu nem imaginou. Uma simples risada pode ajudá-lo a se sentir melhor em relação a si e ao mundo ao seu redor. Se estiver levando as situações a sério demais, tente encontrar algum bom humor. Isso o lembrará de se manter centrado no que é e ser grato pelo que tem.

O riso pode ser uma distração natural e ajuda a romper a energia estagnada. Quando você ri, não pensa em mais nada. O riso também pode induzir mudanças físicas no corpo. Depois de compartilhar de algumas gargalhadas entre amigos por apenas alguns minutos, você pode se sentir melhor por horas.

O riso e o bom humor podem lhe dar uma energia incrível. Rolar de tanto rir pode dissipar a velha energia negativa e ajudá-lo a ver a vida de uma perspectiva mais ampla. Se quiser mais ânimo e diversão em sua vida, peça para Ganesha auxiliá-lo a encontrar a alegria na vida de novas formas. Segundo algumas histórias, Ganesha nasceu da risada de Shiva. Peça para Ganesha ajudá-lo a se alegrar com gargalhadas.

Fazendo isso, você pode receber alguns benefícios imensuráveis. Com uma abordagem mais leve a todas as coisas que aparecem em seu caminho, você pode até se sentir mais saudável, pois o riso realmente é o melhor remédio!

4. Reflexão

Honre sua sabedoria interior.

Ganesha está aqui para ajudá-lo a encontrar a verdade de quem você é; a luz da sua alma e a estar disposto a deixá-la brilhar.

Você chegou a um ponto na sua jornada na vida em que o julgamento e a autocrítica não lhe servem mais. Deve compreender e apreciar a pessoa distinta que você traz a todas as situações. Cada um de nós tem seu caminho único. Com autoconhecimento e observação, dá para ver que todos trabalham por um mesmo objetivo em seu caminho individual, o que pode levar ao mesmo propósito mais elevado.

Você fez grandes progressos em seu caminho espiritual. Agora é hora de se livrar da necessidade de assumir a responsabilidade de acontecimentos e vidas que estão além do seu controle.

Reconheça a beleza de cada um dos nossos caminhos e abençoe a jornada dos outros. Aprecie o silêncio e deixe sua luz interior iluminar os demais como um meio de comunicação. Por intermédio da reflexão e da visualização, entre em contato com o sábio dentro de si.

5. MOVIMENTO ENERGÉTICO

Concentre-se em seus maiores objetivos e intenções das suas atividades cotidianas para criar uma transformação real. Ganesha dançando representa um tipo bem focado de movimento e atividade.

Você está em uma fase de desenvolvimento e mudança. Ganesha lhe mostra que você tem a opção e o espaço para respirar, para seguir em frente com seus planos e atividades mais uma vez.

Você tem acesso a um nível elevado de energia e movimento que o impulsiona a atingir seus objetivos. A vibração dessa energia é tamanha que você pode descobrir que seus propósitos são alcançados muito mais rápido. Espere ficar bem ocupado. Saiba que terá o entusiasmo e a força para esse tempo de ação que virá pela frente.

Neste movimento, Ganesha expressa emoção de um modo físico, unindo corpo e espírito. A energia desta carta provoca um sentimento de segurança sobre seu objetivo, e você logo verá que todas as distrações foram removidas e poderá se dedicar à tarefa com concentração completa, determinação e vontade. Com esta experiência muito produtiva, você pode realizar muito em um curto espaço de tempo.

Ganesha o adverte que um projeto no qual você trabalha pode chegar a um fim muito rapidamente. Aparecerá algo novo, mais divertido e inspirador no seu caminho muito em breve. Nada o detém agora, pois você está cheio de energia e ideias, e não pode esperar para terminar uma tarefa para começar outra. Para tirar proveito dessa energia, é importante garantir que suas atividades se concentrem em seus objetivos mais amplos e que você invista nas coisas certas no tempo exato. Além disso, antes de passar para a tarefa seguinte, sua tarefa anterior deve estar completa. Esta é uma época orientada por ações para você. Comece a aproveitar as melhores oportunidades disponíveis.

6. Desempenho

Não importa o que quer fazer ou se tornar, você conseguirá mais com conhecimento.

A imagem de Ganesha lendo o pergaminho é um símbolo da importância da educação e da busca pelo conhecimento. Isso pode significar que este é um período de maior estudo e aprendizado. Você pode querer indagar sobre um campo de estudo que foi muito explorado e escolher procurar um mestre experiente para aprender mais.

Procure alguém para se consultar e obter mais informações. Pode ser um conselheiro, um autor, um psicólogo ou um aconselhamento espiritual. Você descobrirá novas habilidades com esse mestre solícito, pois ele tem a sabedoria para dar excelente orientação e conselhos.

Lembre-se de que também há uma profusão de informações à mão em livros. Tudo que você lê preenche sua cabeça com nova informação, e nunca se sabe quando ela terá um uso prático. Quanto mais conhecimento tiver, mais equipado ficará para enfrentar qualquer desafio diante de si. Além disso, o conhecimento jamais pode ser tirado de você. Não importa o que anseia fazer ou ser, você se beneficiará em ganhar mais conhecimento. Passe por este instante com grande curiosidade e mente aberta!

7. Sustento

Aproveite o alimento que a vida lhe dá.

Você está em um momento de fartura no qual há mais do que o suficiente para amparar e nutrir seus desejos.

Ganesha o encoraja a apreciar todas as bênçãos, prazeres, presentes, amizades e amor que o cercam agora. Nutrir sua alma pode significar encontrar formas interessantes, animadas e estimulantes de viver a vida. É hora de aprender, crescer e mudar.

Pode significar também que se recusar a criar, experimentar e crescer pode lhe ser prejudicial. Só você pode realmente conhecer os desejos de sua alma. É essencial encontrar formas de compreender suas necessidades e fazer algo a respeito. Isso significa prestar atenção aos seus sonhos, esperanças e desejos. De vez em quando, pode significar agir de maneira contrária ao que os outros esperam de você.

8. Promessa de Futuro

Fique tranquilo, algo novo está no horizonte.

Todas as indicações favorecem uma época de nova consciência. Busque novas formas de canalizar sua expressão criativa. Esta carta anuncia o início de uma nova fase de vida. Ganesha lhe pede para refletir por um momento sobre seus desejos e sonhos. É hora de começar a trilhar o caminho de um novo esforço criativo. Peça para Ganesha ajudá-lo a revelar os desejos de seu subconsciente e, então, siga quaisquer chacoalhões criativos que tiver. Você pode senti-los como faíscas inovadoras que aparecem inesperadamente. Esse impulso vai colocá-lo em um caminho que pode envolver uma nova visão de mundo.

Reflita sobre os esforços do passado. Reconheça e compreenda suas lições e bênçãos. Sinta gratidão pelo caminho que o levou até este ponto. Você está recebendo o dom do livre-arbítrio de escolher o que seguir.

Também pode acontecer um término. A vida tem seus ciclos. Você aprende e cresce com experiências e escolhas. Está sempre progredindo pelas muitas fases de sua vida. Com cada término, vem a promessa de um novo amanhecer.

9. Concentração

Use as ferramentas, recursos e habilidades que lhes são disponibilizados.

Ganesha o apoiará com formas inspiradas de resolver problemas. Você pode se beneficiar com as forças inventivas, se puder manter seu poder e trabalhar com consciência e foco. Aja conscientemente, compreendendo que um esforço aplicado o levará aonde quiser. Saiba o que está fazendo e por quê.

Você precisa focar em um único objetivo ou propósito desta vez. Deve canalizar toda a sua energia, ferramentas e meios para esse único propósito. Comprometa-se com a tarefa e elimine as distrações que desviem sua atenção do que está tentando realizar.

Leve o tempo necessário para pesquisar outras vias ou soluções possíveis. Mantenha uma abordagem prática e trabalhe em um ritmo constante. Permaneça tão objetivo quanto possível. Considere como você pode interagir melhor com as pessoas na sua vida. É importante se lembrar de tratar os outros como gostaria de ser tratado.

10. GENEROSIDADE

A compaixão pelos outros é um resultado natural de estar ciente e ser consciente de seus sentimentos.

Quando você é generoso em espírito, é capaz de assumir a responsabilidade completa pela sua vida.

Trabalhe com Ganesha para auxiliá-lo a se aproximar da coisa certa. Isso é importante especialmente quando você está cheio de medo e sentimentos conflitantes.

Respeite os outros e tenha uma vida consciente. Defenda os demais, apoie-os e torça ativamente pelo sucesso deles. Viver deste espaço criará coração e mente abertos que tocarão todos que chegarem até você. Tolere ideias e comportamentos que talvez não se alinhem com seus pensamentos. Passe mais tempo vendo o que é bom e positivo no outro, em vez do que você julga ser negativo ou mau. Aceite as diferenças das pessoas.

Doe à vontade e de coração. Não manipule mais nem faça favores com restrições. Ao continuar a doar, você pode descobrir que não mais inveja os outros. Conseguirá doar com facilidade e, ao mesmo tempo, receber quando o mesmo lhe for ofertado. Isso eliminará a sensação de separação dos demais e você poderá se ver genuinamente feliz. Busque e aceite o melhor nas pessoas e trate os outros com respeito e aceitação.

11. Abraço

Acredite em si e nos outros para descobrir uma importância maior para seu ser.

Reconheça que suas interações com os outros são importantes. Manter relacionamentos saudáveis requer muito trabalho. Em muitas partes do mundo, o abraço é reconhecido como um tipo familiar de cumprimento, além de ser um modo de agradecimento ou apoio e de confiança no outro.

Ganesha o encoraja a manter o coração afetuoso. Cuide de si e dos outros. Você ganhará muito vendo as coisas de uma perspectiva simples ou prática, em se tratando de lidar com as pessoas ou de se referir à sua circunstância atual. Concentre-se em levar uma vida equilibrada. Lembre-se de que você conquista mais quando for sereno. Seja imaginativo e prestativo. Lide com os problemas quando eles aparecerem. Mantenha a cabeça enquanto você determina a melhor rota de ação, e busque soluções simples para resolver o problema com o mínimo de agitação.

Dependendo da relação das pessoas envolvidas, um abraço pode simbolizar familiaridade, amor, afeto ou amizade. Uma pessoa pode abraçar a outra em uma demonstração de amparo, conforto ou consolo. Acontece uma troca de energia, pois você dá e recebe ao mesmo tempo.

12. Expressão Infantil

Na realidade, em cada alma existe um aspecto conhecido como "criança interior".

Você pode estimular a vida emotiva da sua criança interior prestando atenção às necessidades e anseios do seu coração. Você pode ter aprendido a abdicar de seus desejos pelos outros. Isso não é necessário. Ganesha orienta que não atender a seus desejos e necessidades subtrai sua força vital e anula seu espírito. Quando criança, você era um especialista nos sentidos e, agora, é hora de estimular novamente a habilidade de sua criança interior de ver, ouvir, tocar e explorar o mundo para reconectá-lo com suas emoções.

Pratique a confiança em seus sentidos ou autoconhecimento. Dê amor e uma voz à sua criança interior. Expresse seus sentimentos verdadeiros. Conecte-se profundamente consigo em um nível emocional, deixando todas as suas sensações desconfortáveis atingirem a superfície da sua consciência e serem sentidas e vivenciadas.

Encontre paciência e felicidade nas coisas simples. Afaste-se do consumo de coisas materiais e sinta prazer com a sabedoria de sua alma. Ame, respeite e honre sua criança interior. Separe um tempo para se divertir, do modo que mais o agradar, seja socializando, cantando, praticando ioga, viajando, passeando, dançando, meditando ou escrevendo. É assim que sua criança interior opera: ela não conhece limites, não tem expectativas e ama incondicionalmente.

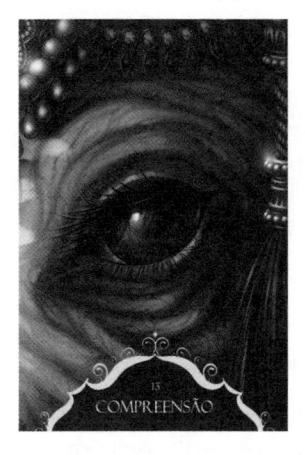

13. Compreensão

A visão clara é o dom de ver não só com os olhos físicos, mas também com os espirituais.

O olho de Ganesha simboliza o estado de graça alcançado por sua vontade de fazer seu trabalho espiritual nesta vida. Ao focar nas suas lições de vida, você recupera o verdadeiro sentido do seu ser. Você tem o talento e a determinação de continuar nesta rota diante de si. O olho tem a chave para sua consciência mais elevada e o dom da conscientização. Procure pelo sentido mais profundo nas experiências comuns. Seja mais observador. Lembre-se de viver em equilíbrio com seus corpos físico e espiritual.

Analise com calma suas circunstâncias atuais de uma perspectiva diferente. Livre-se de crenças e pensamentos limitadores. Você está recebendo uma oportunidade de ir além do seu passado. Aceite que o medo do passado, até enquanto você avança, serve a um propósito maior. Imagine-se voando acima dessa situação atual e ganhando uma perspectiva mais ampla. Sua habilidade de elevar-se acima das condições o beneficiará e o ajudará a florescer.

Ganesha pede para que você se permita ser livre para conquistar a felicidade que seu coração deseja.

14. Impulso

Tanto confiança quanto unidade de propósito e controle são desejáveis.

Ganesha o encoraja a cogitar uma volta ao básico. É uma ótima hora de aliviar seu fardo ou simplificar sua vida. Você pode ter uma tendência de se estender muito ou de se sobrecarregar com atividades sociais. Diminua sua agenda para se concentrar em algo que deva fazer.

Esta carta indica uma nova motivação ou inspiração. Se você estiver se sentindo preso a uma circunstância ou em busca de uma solução, fique tranquilo, pois a energia vai se mover de novo. Você não precisa escolher seguir seu caminho sozinho. Leve consigo outros que tenham as mesmas metas e objetivos em mente. Tome o cuidado de não se prolongar em relacionamentos ou amizades que não vão a lugar nenhum ou cômodos demais, só por se sentir obrigado. Essa não é a hora de ser comodista.

Se quiser provocar mudanças em seu trabalho, explore quais seriam suas opções. Pode haver um aumento de dinheiro, mas esta não é a hora de gastá-lo. Espere o momento propício e se prepare para o que está por vir. Esta carta também pode indicar uma viagem breve ou prolongada no horizonte.

15. REVELAÇÃO

Prepare-se para mudanças importantes nos seus mundos externo e interno.

Você chegou ao fim de um ciclo e é hora de criar algo novo. Com esta carta, Ganesha indica que é o momento de demolir algumas das estruturas que você criou no seu mundo. Isso pode ser doloroso e desafiador se você resistir ao processo.

Esta revelação pode se relacionar ao seu ego e à sua ilusão de separação dos outros. Você desenvolverá uma nova perspectiva das coisas e sua revelação o ajudará a ficar mais forte, sábio e tranquilo. Poderá deparar com alguns desafios ao longo do caminho, mas eles são necessários para seu crescimento espiritual e iluminação. A honestidade realizará uma mudança positiva, mesmo se você sentir um pouco de dor e ansiedade durante o processo.

Depois de partir para seu objetivo, você perceberá que suas verdadeiras segurança e força estão dentro de si e no seu relacionamento com o Universo, não em algum sistema de crença falso ou mundo criado artificialmente. Esteja disposto a revelar sua verdade a todos ao seu redor.

16. Limpeza Energética

Supere seus medos para implementar a mudança.

Ganesha afasta os obstáculos que impedem seu progresso. A remoção desses obstáculos provocará uma mudança na consciência – com a destruição vem a criação. Aproveite a oportunidade para mudar e passar para uma fase positiva de liberdade. Você passará por uma grande mudança, na sua espiritualidade ou vida pessoal. Dobrando a esquina, há uma importante mudança na vida. É hora de sair da sua zona de conforto. Sem dúvida, você está ciente de alguns dos desafios diante de si, mas lembre-se de que alguns deles podem estar em um nível mais sutil ou subconsciente.

Acredite em si e em sua habilidade de superar obstáculos. Seja na vida profissional ou na vida pessoal, com a perspectiva certa, você conseguirá passar por períodos desafiadores.

Um dos muitos desafios diários é remover energias de baixa vibração indesejadas do nosso corpo físico, da sua aura e do seu ambiente pessoal. Como você limpa e equilibra sua energia, alinhando-a com seu propósito divino? Você pode equilibrar seus centros de energia ou chacras dando uma pausa muito necessária ou saindo para tomar ar fresco. Considere tomar um banho de sal grosso, queimar incenso ou sálvia branca, ou usar óleos essenciais, como lavanda, cravo ou manjericão para purificar seu lar. A meditação regular proporcionará a tranquilidade necessária para ouvir as mensagens com clareza e também o ajudará a trazer uma sensação maior de calma para sua vida. Lembre-se de invocar Ganesha. Peça para ele caminhar consigo e lhe mostrar os benefícios da purificação.

17. Conhecimento Interior

Você tem um lugar dentro de si com as respostas mais importantes.

Cada um de nós tem dentro de si o conhecimento intuitivo. Motivação e ideias estão presentes, mas ficam guardadas neste espaço dentro de nós. A centelha do Divino espera com paciência que nos sintonizemos e restauremos nossa orientação.

Está na hora de um exame de consciência. Você está em uma fase de introspecção, na qual você chama sua atenção e foco para o íntimo e busca orientação dentro de si. Você tem uma forte necessidade de compreender, não apenas no nível superficial, mas também realmente saber por que as coisas se desenrolam dessa maneira.

Agora você tem acesso ao conhecimento interior de que a verdade e a aceitação que procura estão dentro de si. Este é o momento perfeito para recuar de sua vida cotidiana e contemplar profundamente seus princípios pessoais, valores e motivações. Busque a verdade. Trabalhe com Ganesha e veja que, com a meditação, a consideração e a autoanálise, a oportunidade de avaliar sua direção e metas pessoais o aguarda. Suas prioridades podem mudar depois de desenvolver uma perspectiva mais profunda. Aproveite esta oportunidade tão necessária de um tempo sozinho.

18. Mente Aberta

Observe, avalie e questione antes de chegar a uma conclusão.

Quando a lua passa do quarto minguante para o crescente, é uma boa hora de rever esforços e corrigir erros. É hora de jogar fora o que você não precisa mais e limpar a energia velha e em excesso, incluindo qualquer bagunça que tenha acumulado. Além de descartar coisas materiais em excesso na sua vida, elimine quaisquer comportamentos e relacionamentos nocivos.

Você pode descobrir que está tentando decidir entre duas opções. Esta carta não serve para tomar uma decisão, mas para usar o tempo para realmente ouvir seu coração e sua voz interior. Ganesha o aconselha a reunir mais informações antes de agir. Esse conhecimento pode se dar de muitas formas, incluindo seu conhecimento nato, o autoconhecimento, o conhecimento secreto ou até uma sabedoria mais esotérica. Você pode descobrir que o que consegue pode ser tanto misterioso quanto mágico.

Você está em um processo consciente de liberação criativa. Demonstre gratidão e agradeça pelas coisas que conquistou. Não se sinta impelido ou pressionado a começar uma nova tarefa. Reveja seus objetivos e os reagrupe adequadamente. Assim que tiver toda a informação necessária, você começará a se sentir motivado para estabelecer alguns novos objetivos e iniciar novos projetos.

19. Prática Espiritual

Uma prática espiritual o ajudará a iniciar bem seu dia. Ela pode provocar observações que levam a avanços e ideias que mudam a vida.

Há muitas formas de manter uma conexão espiritual com uma prática correta. Ganesha lhe pede para refletir sobre os benefícios que se pode ganhar ao seguirmos uma rotina diária específica para sua espiritualidade. Isso pode incluir oração, meditação ou uma prática de exercícios que conecte corpo, mente e espírito, como ioga ou *tai chi*.

Além disso, considere queimar incenso, que costuma ser usado para acompanhar orações, invocações e feitiços em muitas culturas. Dizem que a fumaça do incenso subindo até o céu representa os pedidos chegando ao seu destino e recebendo a aprovação do Divino. Acredita-se também que o incenso tem propriedades para afastar a energia negativa. Use incenso ou queime sálvia para criar um abrigo especial para si ou purificar um espaço sagrado em preparação para uma cerimônia ou ocasião especial. O cheiro do incenso também pode levar a uma consciência espiritual e compreensão mais elevadas para o usuário.

Você pode usar muitas ferramentas e técnicas durante o dia para preservar ou recuperar a tranquilidade. Até mesmo apenas respirar fundo pode restaurar uma conexão espiritual. Descubra o que funciona para você e dedique algum tempo à sua prática todos os dias.

20. Proteção

Proteja sua energia enquanto eleva suas vibração e frequência.

À medida que continua em seu caminho espiritual, você começa a elevar sua vibração e frequência e continua a sentir novos níveis de amor e luz. Essas mudanças no corpo energético exigem que liberemos a dor do passado e as visões limitantes de si. Quando isso acontece e a dor passa para o primeiro plano da sua experiência, pode definitivamente parecer que você é derrotado!

Peça para Ganesha envolvê-lo com sua bela energia dessa vez. Você pode visualizar essa energia com as cores vermelha, amarela ou branca ou em qualquer outra cor de que gostar. Imagine-a repleta de amor e luz. Dizem que Ganesha supervisiona os anjos da proteção. Sua energia de luz serve para liberar qualquer negatividade neste campo para a luz. Visualize a negatividade, entidades e memórias negativas ou a energia presa sendo liberadas de sua alma, mente e corpo.

Quando a dor prévia aparece, pode não ser uma memória clara de um evento específico do passado ou sentimento de medo. As experiências passadas podem se refletir nos seus desafios e experiências atuais. A dor aparece de uma forma que o provocará agora, trazendo resistência e distração a serem resolvidas imediatamente. Lembre-se de responder com amor. Saiba que você continuará a crescer e evoluir neste desafio. Ganesha o auxiliará protegendo sua energia para os melhores resultados possíveis.

21. Determinação

Sinta-se seguro no seu ser.

A dinâmica desta vida pode ser complicada. Não existe nesta dimensão terrena um ambiente realmente livre de traumas, bloqueios e lições. O vermelho é a cor do primeiro chacra, denominado chacra "raiz" ou "base". O chacra raiz está associado com manter a vida empolgante e sustentável. Está relacionado com a confiança, a sensação de pertencer a algum lugar e aceitação. Quando você se sente perdido ou inseguro, perde energia em virtude do medo que esses sentimentos trazem. Quando a energia desse chacra está em equilíbrio, você fica centrado, seguro, saudável e vibrante, com uma energia física ilimitada. Você ama seu corpo, adora usá-lo e toma conta dele. Sente-se seguro na sua vida e ostenta bom senso.

Trabalhe com Ganesha para criar uma sensação de enraizamento para eliminar qualquer aflição que você sentir. Foque na cor vermelha e permita-se sentir a diversão, a energia e a criatividade voltando para sua vida. O vermelho simboliza amor e felicidade, encoraja ação e confiança, além de proporcionar uma sensação de proteção dos medos e da ansiedade.

Continue positivo e aberto às possibilidades. Fazer isso fortalecerá o chacra raiz e criará estabilidade e força interior.

22. Harmonia

Você merece se sentir bem quanto à sua existência.

Esta carta é um símbolo de suas crenças pessoais e do que trará felicidade na sua vida. Ganesha lhe recomenda lembrar de irradiar calor e energia. Reflita por um momento em seus valores pessoais e atitudes. A sua crença trará os resultados que você anseia para ter uma vida completa e feliz?

A cor laranja pode se referir a um período de socialização, atividade e novas aventuras. É a cor do chacra sacral e está associada com os órgãos sexuais e os sistemas reprodutores. Pode simbolizar felicidade e amor. Nós guardamos nossos sentimentos, emoções, prazer, sensualidade, intimidade e conexão nesse domínio. Quanto você se sente merecedor? Quando você sente que merece o melhor, trata-se bem e exige que os outros o tratem bem também. Quando o chacra sacral está limpo e a energia está em equilíbrio, você fica amigável, compreensivo e solidário com os outros. Você terá uma forte sensação de pertencer a algum lugar.

Sinta-se bem com sua vida. Aproveite os momentos com os amigos e faça o que for necessário para se alinhar com o que quiser dos relacionamentos na sua existência.

23. FORTALECIMENTO

Confie na sua força interior para garantir a realização de seus sonhos.

A benção de Ganesha sente seu poder pessoal, confiança, responsabilidade e confiabilidade. A energia desta carta é uma sensação de otimismo e de positividade. Sonhos e objetivos de longo prazo se tornam reais. Se você se sentia letárgico ou desmotivado, acesse seu poder pessoal com calma.

O amarelo está associado ao terceiro chacra, do plexo solar. Esse chacra fica no centro de seu ser, seu centro de força. Lá residem sua autoestima, sua força de vontade, sua autodisciplina e sua personalidade. Ganesha lhe mostra que há um propósito importante para você nesta vida na Terra. Você está despertando para sua força pessoal e para a memória de si como alma. Sua cura estará completa quando vir a luz da sua alma e souber que luz representa quem você realmente é.

A cada autocrítica, você enfraquece sua determinação. Amar-se, aceitar-se e reconhecer seu valor formam a base de um plexo solar equilibrado. Quando o plexo solar está em equilíbrio, você se sente confiante e fortalecido com uma autoestima saudável. Sente respeito por si e pelos outros. Tem uma forte sensação de si, da sua força pessoal e a usa com responsabilidade.

Confie em seus talentos. Ame-se. Esteja disposto a se expressar vigorosamente. Prefira ser franco com seus desejos dessa vez. Se sua pergunta for sobre uma decisão, tudo indica que a hora de agir é agora.

24. Plenitude

Reconheça a singularidade de cada vida.

Reconheça que você faz parte de algo maior. Você tem uma conexão aqui, não só com sua vida e corpo físico, mas também com o Divino e o Universo. Ganesha o orienta a reconhecer a verdade sagrada de que você é um ser divino, está aqui para dar e receber amor. É hora de reconhecer seu papel nesta vida. Você é completo e pleno: não lhe falta nada. A forma mais simples de conquistar corações é com suas atitudes.

O verde representa o quarto chacra, o cardíaco. Ele é o centro onde sentimos amor. Quando o chacra cardíaco está aberto, você consegue criar um ambiente seguro, compreensivo e amoroso. Quando esse chacra está limpo e equilibrado, encontrará compaixão para a vida toda. Você pode sentir mais empatia. Conseguirá ver o Divino nos outros. Poderá descobrir que é feliz e realizado, pois está cumprindo seu propósito divino em serviço para a humanidade. Seu senso de si não se limitará ao ego; sua consciência se expandirá e você perceberá que amar os outros é amar si mesmo, pois todos somos um.

Esta carta simboliza a paz. Ela pede para você parar por um momento e segurar a cor verde no coração. Você pode sentir calma e relaxamento que lhe trarão uma sensação de renovação e autocontrole. Se precisar ser curado, respire fundo e confirme sua saúde e cura.

25. Seja Franco

É essencial expressar sua verdade, mesmo correndo o risco de teimar.

A situação à mão lhe pede para expressar seus pensamentos. No passado, você tentou manter a paz ficando quieto ou engolindo suas palavras. Tenha fé que uma comunicação aberta e honesta pode resolver a situação. Se você não sabe bem onde ficar, pergunte. Como esta carta é sobre comunicação, pode indicar que as palavras de alguém criaram um momento de clareza. Comunique suas preocupações claramente. Lembre-se de se abrir às opiniões ou aos argumentos dos outros. Deixe suas emoções fluírem sem bloqueios enquanto analisa decisões e soluções.

Ganesha o motiva a tomar cuidado quando se deparar com indelicadeza ou insensibilidade ao comunicar suas preocupações e ideias aos outros. Antes de se expressar, respire fundo e pense no que vai dizer. Transmita seus pensamentos de forma compreensível, breve e bem pensada.

O azul-claro representa o chacra laríngeo, que simboliza a fala e a audição. Esse chacra é uma abertura para os reinos espirituais superiores. Quando seu chacra está ativo e equilibrado, a chance de falta de comunicação e mal-entendidos diminui, e você consegue se expressar como um ser espiritual. Você é um bom comunicador, falando honestamente e do coração, além de ser um bom ouvinte. Consegue pedir o que quiser e precisa dos outros. É capaz de se expressar individual e criativamente. Seus relacionamentos baseiam-se na comunicação honesta e na verdadeira intimidade. Esta carta o convida a criar equilíbrio e estabilidade emocionais na sua vida.

26. Intuição

Sua bússola interior conhece a chave para sua verdadeira felicidade.

Ganesha concentra a atenção no seu chacra do terceiro olho. Ele percebe que você está em uma fase na qual pode crescer e expandir sua consciência. A intuição é a voz do espírito e da alma. Pode ser ouvida quando você entra em um estado de calma. Você consegue firmar uma conexão forte e clara. Pode sempre confiar na orientação divina.

As intuições que recebe lhe falam sobre coisas que afetam diretamente sua vida, relacionamentos e seu processo pessoal. Você pode descobrir que elas crescem e ficam mais claras quanto mais as ouvir e seguir. À medida que limpa o espaço energético do terceiro olho e pratica sua intuição, você verá com mais clareza de todas as formas.

O azul índigo é a cor do chacra do terceiro olho. Quando ele está em equilíbrio, você tem autorrealização: descobrirá que vive em harmonia com seu verdadeiro eu expandido e as pessoas com quem interage na vida. Isso não quer dizer que você nunca terá problemas, mas que os verá sob uma perspectiva diferente. Você pode descobrir que é carismático, empático e muito intuitivo. É inteligente e tem boa imaginação e percepções exatas.

27. Iluminação

Conecte-se à sua verdadeira fonte para manifestar seus desejos.

A cor lilás está associada à arte, à criatividade e à espiritualidade. É considerada a cor da honra, da coragem e, às vezes, é associada com a realeza. Ganesha compartilha a cor lilás para auxiliá-lo com sua jornada espiritual dentro de si. Ao se conectar com ele e sua energia, você será redirecionado de volta à sua verdadeira natureza iluminada.

Essa cor é a do seu chacra coronário, ligado ao seu bem-estar na mente, corpo e espírito nesta vida – e além. Todos os bloqueios energéticos o impedem de se conectar com sua verdadeira Fonte. Estabeleça um objetivo claro de como você pretende se conectar com seu eu superior. Você pode curar ou praticar uma modalidade específica, como o Reiki, ou simplesmente meditar. Todos têm uma habilidade psíquica e uma conexão com o Divino. Abra-se conscientemente às oportunidades que o ajudarão a atingir seu objetivo.

Para aproveitar de verdade a vida na Terra, quanto mais conseguir fazer para se livrar dos programas e padrões emocionais limitadores, mais rápido e com maior facilidade você manifestará seus desejos. Você pode criar sua vida como quiser. Viva plenamente e conquiste uma iluminação real – em que todas as coisas são possíveis.

28. Perseverança

Você provavelmente verá recompensas financeiras ou outras tangíveis por todo seu trabalho duro.

O dente de Ganesha representa o trabalho duro e a conclusão da tarefa incumbida. Segundo a lenda de alguns manuscritos do *Mahabharata*, Ganesha quebra seu dente para continuar a escrever esse texto épico enquanto Vyasa o ditava. O dente de Ganesha é interpretado como um símbolo de sacrifício e força, e demonstra que é importante terminar o que você começou.

Se você trabalhou duro ou colocou um esforço extra em alguma coisa, o trabalho definitivamente valerá a pena. Verá os resultados e as recompensas por seu serviço. Você pode ter trabalhado em algo bem desafiador e importante nos últimos meses, que provavelmente chegará a uma conclusão logo.

Ganesha o orienta a não perder a fé enquanto aguarda as coisas se realizarem. Tenha paciência e aprecie o progresso que você teve até agora. Se seu trabalho duro ainda não compensou como planejado, considere que você pode ter de alterar suas expectativas.

Não há garantias. Seja grato, foque no presente e faça o que puder com o que tiver.

Um período difícil de luta financeira ou material chegará ao fim.

29. Pensamento Positivo

Sua atitude mental define como você se sente.

As muitas faces de Ganesha refletem como você se sente sobre os diferentes aspectos da sua vida: espiritualidade, saúde, finanças, relacionamento e bem-estar emocional.

É importante lembrar que as circunstâncias não são boas ou más, mas sempre neutras. Como você lida com a situação é o que determinará seu resultado. Se você escolhe ver algo como deprimente, assim será. Se opta por vê-lo como encorajador, assim será.

Sua mente determina como será o dia. Seu estado de espírito influencia seu corpo, seus relacionamentos, seu bem-estar emocional e como você vê suas finanças. Diariamente, você toma todo o cuidado em pensar no que vai comer durante o dia. Agora tem uma oportunidade de ser tão criterioso em relação aos seus pensamentos. Você pode dominar seu humor, não importa se estiver mal-humorado. Coloque na cabeça que não será mais controlado pelo seu humor. Se você se sentir para baixo, perceba o que o deixou assim. Tome uma atitude positiva para voltar à felicidade ou ser positivo.

30. PRIORIDADES

Aproveite seu tempo ao máximo.

Cada dia é uma dádiva. Você tem a opção de aproveitar ao máximo o que a vida tem a oferecer. Se quiser uma vida organizada, você se beneficiará com a escolha de prioridades. Seus ideais determinam o que você busca na vida. Suas prioridades ficam mais visíveis no modo como usa seu tempo. Ganesha segura a flor de lótus e enfatiza a importância de seus valores. Ele o encoraja a saber o que realmente quer. O que o deixa mais feliz? Sempre existem bênçãos escondidas no meio de uma decepção.

O tempo não é algo a ser guardado para depois. Quando se trata do tempo atribuído a si a cada dia, você tem apenas uma oportunidade limitada. Escolha como quer passar seu tempo de acordo com seus valores mais nobres. Se fracassar ou procrastinar, o momento já era. Reavalie como tem passado seus dias e como pode tentar ficar mais satisfeito.

Em termos de prioridades, para cada grande decisão, como educação, profissão, local de residência, casamento ou paternidade, você pode se questionar: "qual será o impacto da minha decisão?". Em todas as escolhas, saiba bem quais são suas prioridades. Relacione seus objetivos às formas de trazer amor e bênçãos para si e para as pessoas com que vive.

31. Decisão

Considere todas as suas opções para fazer uma escolha consciente.

O que exatamente você quer nesta situação? Está satisfeito com o modo como as coisas andam na sua vida? Ganesha o orienta a saber que seus desejos estão à vista. As probabilidades estão ao seu favor.

A decisão diante de si é ficar com o que conhece ou romper com isso e tentar algo novo. É hora de mudar para uma nova aventura ou tomar uma decisão que desvie de sua tendência ou hábito típicos. Ganesha lhe concederá uma compreensão maior de quem você é e do que é capaz de criar. Mire um objetivo. Faça a seleção. Você trabalhou duro e realmente evoluiu com suas lições de vida. Prepare-se para uma mudança.

Motive-se levando o tempo necessário para rejuvenescer. Mime-se com coisas simples que lhe tragam alegria. Descubra novas atividades que o tirem da rotina. Ao conduzir seu cotidiano de novas formas, você cria novos pensamentos. Quando Ganesha segura a maça chamada *gada*, ele o desafia a ser mais decisivo.

Quando você passar a ser mais decidido, criará a oportunidade de refletir em seus objetivos e desejos a longo prazo. Então, estará em uma posição melhor para planejar o futuro e atingir, de fato, essas metas. Você se beneficia agora de uma confiança recém-encontrada e está pronto para uma grande mudança. Pode cogitar uma viagem para lugares exóticos, novos estudos ou uma grande mudança profissional neste ponto. Isso expandirá seu aprendizado e desenvolvimento, bem como ampliará seus horizontes para além de seu ambiente imediato. Com um planejamento cuidadoso, além de uma abordagem moderada, você se preparará para o sucesso agora e seguirá em direção ao futuro.

32. IMOBILIDADE

Não se abale nem seja afetado pelas circunstâncias que o cercam neste momento.

Foque no seu objetivo e não se deixe levar pelo que os outros pensam ou pelo que você percebe. Ganesha o encoraja revelando que, quando você sabe que seu esforço não é em vão, ficará imóvel e impassível. Esse parece ser um grande entrave na sua vida neste momento. Talvez você não tenha muito reconhecimento, sucesso nem se sinta realizado no seu trabalho atual. Ou não se sinta ouvido em seus relacionamentos. É possível que o erro esteja no fato de você sentir no coração que sua luta é inútil. Você pode reconhecê-la em um nível intelectual, mas fica facilmente abalado quando não vê os frutos de seu empenho.

Nesta carta, Ganesha é retratado cavalgando o elefante para cativá-lo na energia do espírito desse animal. Elefantes podem ensiná-lo que a gentileza, a dedicação e a comunicação nos relacionamentos são muito poderosas. Eles o lembram de que é necessário manter os relacionamentos vivos, com confiança e amor, seja com amigos, família ou o parceiro. Profundamente leais a todas as criaturas com as quais mantêm relacionamentos, os elefantes são fortes quando protegem os outros e gentis quando cuidam de si. A matriarca (a fêmea mais velha e experiente de uma manada) lidera de uma forma gentil e inclusiva. Os elefantes conseguem se comunicar por telepatia. Quando você tira esta carta, sua habilidade de realmente ouvir os outros aumenta.

Faça o necessário para defender sua decisão. Você está recebendo a orientação de que esta é a hora de agir. Permaneça focado e não seja apanhado tentando criar uma mudança. A energia no seu local de trabalho ou relacionamento muda sempre. Peça para Ganesha lhe dar forças para lidar com o que acontece. Comprometa-se e siga seu caminho. Não desista. A mudança logo acontecerá e a situação será transformada.

33. Orientação

A orientação se trata de aprender a se comunicar com sua alma e descobrir e manifestar seu propósito.

Ganesha é cultuado e adorado pela Trimúrti ou a trindade do Hinduísmo, composta de Vishnu, Shiva e Brahma. Conforme consta, durante o período de dissolução, a água e o vento desapareceram e a Terra evaporou. Vishnu, Brahma e Shiva vagaram pela Terra para determinar o que causava essa dissolução. Os deuses descobriram Ganesha envolto em uma aura de luz. A Trimúrti o reverenciou e começou a cultuá-lo e louvá-lo. Os deuses pediram que Ganesha os abençoasse. Ganesha atribuiu a eles três funções distintas: Brahma é o criador, Vishnu é o preservador e Shiva é o destruidor.

A orientação baseia-se na comunicação. A alma pode lhe enviar mensagens por meio de símbolos, sincronicidade, pressentimento, sonhos premonitórios repentinos e até por um canal direto. Conectar-se conscientemente com seus guias, intensificar suas habilidades psíquicas e aguçar sua capacidade em estar presente e prestar atenção são partes importantes do aprendizado para receber orientações. Quando você se abre, sua alma começa a comunicar seu propósito interior para esta vida. Quando você aprende a ouvir e reconhecer suas sugestões, sua vida começa a adotar uma qualidade mágica.

Lembre-se de que você pode pedir para Ganesha ajudá-lo a criar uma consciência elevada. Faça questão de olhar a espiritualidade de novas perspectivas que lhe possam ser desconhecidas. Disponha-se a conversar com pessoas com experiências e crenças diferentes das suas. Para fazer isso, terá de sair de sua zona de conforto. Essa experiência o enriquecerá. Se estiver preocupado em receber informações verdadeiras sobre sua vida pessoal de um vidente ou intuitivo, você pode se preparar para isso pedindo de coração para receber uma notícia que seja para o bem maior. Suas motivações devem ser puras. Você pode pedir ao vidente para canalizar as palavras que sua alma quer ouvir para promover seu crescimento espiritual.

Conte com sua intuição e seu autoconhecimento, em vez da sua inteligência ou mente consciente. Analise as sincronicidades e oportunidades. Confie nos seus instintos e preste atenção, pois as mensagens podem vir de várias fontes.

Fique atento aos seus sonhos. Você pode manter um diário. As sincronicidades são prováveis agora. É possível que você tenha uma surpresa agradável relacionada a trabalho em seu caminho. Isso poderia ser até uma nova oportunidade profissional. Os deuses Vishnu, Shiva e Brahma podem representar as diferentes energias masculinas da sua vida. Conte com a energia dos homens na sua vida ou a energia da Trimúrti para auxiliá-lo com a próxima tarefa.

34. Capacidade de Amar

É preciso ter coragem para se abrir e curar áreas de profunda vulnerabilidade.

Cada ser humano é criado com um desejo profundo de se sentir amado. Por causa dessa necessidade de amor, você pode exagerar e ostentar suas qualidades fascinantes, enquanto mascara suas fraquezas ou medos. Se não estiver comprometido a analisar a base dos seus problemas, você se sentirá desconectado de seu verdadeiro eu.

Veja como você lida consigo. É franco e honesto? Está fugindo de uma situação? Está mascarando um problema com algum tipo de tática escapista, como excesso de compras, bebida ou comida? Guarda mágoas?

Quando seu coração está aberto, você descobre que suas ações costumam combinar com suas palavras. Raramente se sente ofendido. Você fica disponível emocionalmente. Quando seu coração está aberto, você realmente assume a responsabilidade por quem é e quais são suas crenças. Ama-se mais completamente. O conflito se resolve com mais facilidade e você deseja viver em harmonia com os outros.

A tromba de Ganesha representa a habilidade de considerar como você percebe essa situação importante para o seu crescimento espiritual. Uma tromba de elefante é um membro fundamental usado para suas atividades cotidianas, pois serve para remover árvores e outros grandes obstáculos, além de tarefas mais trabalhosas, como abrir frutos para comer. Um elefante tem a capacidade de realizar uma série de tarefas, desde as mais precisas até as que exigem mais força. Dessa forma, a tromba de Ganesha é um emblema de sua grande inteligência e sua extraordinária capacidade de amar. Conte com sua própria vasta coleção de habilidades para lidar com seus problemas e saiba que Ganesha o apoia nesse processo.

35. Transformação Pessoal

Sua alma o auxilia a criar mudanças para alinhá-lo com seu objetivo de vida.

Ganesha aponta para o céu e o encoraja a se abrir a novas ideias e ao crescimento do seu espírito. Ouça a suave voz interior.

Você pode sentir um forte desejo de conseguir pela primeira vez ou ter de novo uma sensação de significado, inspiração ou propósito na sua vida. Este provavelmente é um momento no qual você faz alguns ajustes significativos na sua existêcia. Esses ajustes o ajudam no processo de mudança do antigo eu para o novo, e você logo se beneficiará de uma nova perspectiva na vida. Está em um ótimo lugar agora para honrar a pessoa que realmente for ou quiser ser, em vez de apenas seguir uma rotina que faça pouco sentido. Você passa por uma jornada espiritual profunda que traz mais sentido e propósito na sua vida. Isso renovará sua energia interior.

Elimine tudo na sua vida que não for essencial para sua transformação. Perceba que algumas de suas atividades possam existir apenas para agir como tampão ou distração do que realmente importa. Deixe as mudanças acontecerem e confie que virá um período de maior calma e estabilidade. Ganesha o invoca para seu destino. Seus pedidos por orientação não passaram despercebidos e você um dia conseguirá o que deseja.

36. Cura

A verdadeira essência da sua alma é de saúde completa.

Ganesha é retratado sentado em um pavão. As penas do pavão são usadas em medicamentos para cura há milhares de anos em inúmeras culturas tradicionais. Dizem que eles carregam uma energia medicinal espiritual que pode ajudar as pessoas a buscar equilíbrio e cura em suas vidas.

Os desafios do cotidiano podem desequilibrá-lo com a verdade do seu ser. É fácil ficar preso na correria diária e em um vazio geral. Lembre-se de que você foi criado da perfeição da luz e do amor divinos. Seu corpo físico não passa de uma concha que cobre sua alma.

A verdadeira cura só é possível quando você assume a responsabilidade por seu bem-estar neste planeta e seu autodesenvolvimento. Veja-se completo, saudável e pleno. Ganesha o motiva a acreditar que você realmente é capaz de lidar com qualquer questão de saúde ou de relacionamentos sem culpa e com integridade e graça.

37. Refinamento

Ouvir música pode curar, encorajar e nutrir sua alma.

Sua espiritualidade é uma parte essencial de quem você é e forma a estrutura do seu mundo. A música repercute no espírito humano. No coração da humanidade está a canção da alma. A música tem o poder de unir comunidades, culturas e civilizações. Ouvir música pode curar, animar e amparar sua alma.

Estudos descobriram que os tons musicais têm um impacto energético nas células e nos órgãos do corpo humano e se comunicam com eles. Acredita-se que as células vibrem e tenham essencialmente suas próprias entonações musicais. Ouvir música pode ajudar a curar e elevar sua energia. Você verá que, ao tocar uma música edificante ou calma, você cria paz para uma contemplação maior e, por sua vez, ganha mais clareza sobre o que você cria na vida. Também pode provocar uma conexão mais forte com seu eu superior ou com a unidade.

A música desenvolve a comunidade, enquanto o som promove comunicação e uma unidade maior. O refinamento é um processo contínuo que desenvolve, encoraja e nutre. Uma conexão espiritual se forma entre a música e o ouvinte. Ganesha o convida a incorporar a música à sua vida de um modo que aumente sua expansão espiritual. Ouça música tranquila enquanto se prepara para o dia. Afaste-se do barulho de imagens digitais eletrônicas excessivas e retorne a uma existência mais melódica. Sente-se e ouça música por um tempo. Fazer isso pode alterar sua energia para um estado mais puro e receptivo.

38. CRIAÇÃO

Concentre-se em criar uma vida calma e equilibrada para si.

Ganesha lhe pede para manter uma atitude benevolente, protetora, realista e simples quando se trata de colaborar com os outros e suas condições atuais. Você pode se beneficiar em ser mais despachado e prático. Esta é a hora de desacelerar e esperar pelo momento e pelos recursos certos. Lide com quaisquer questões quando elas surgirem, e pense em soluções fáceis e práticas que resolverão o problema com o mínimo de drama.

Tome o cuidado de não se doar demais, sem se preocupar com suas necessidades, tornando os outros mais merecedores do seu tempo e amor do que você mesmo. Se estiver se sentindo exausto ou propenso a doenças, deve parar de fazer tanto pelos outros e fazer mais por si neste momento. Não busque um desenvolvimento pessoal fazendo pelos outros de um lugar de necessidade de reconhecimento. Fortaleça-se cuidando de si e só então, de um lugar saudável, auxilie os demais.

Aprenda a fomentar e criar ocasiões para as pessoas crescerem oferecendo uma energia segura e favorável. Essa é a energia do chacra cardíaco. Quando sua vida se alinha mais com o propósito da sua alma, você leva esse amor incondicional estimulante para além de seus arredores, até o mundo todo.

A figura feminina nesta carta é a mãe de Ganesha, Parvati. Ela representa uma presença feminina forte na sua vida que você pode procurar para ter um apoio extra e orientação. Pode ser qualquer exemplo feminino, amiga ou conhecida por quem se sentir atraído neste momento. Além disso, Parvati pode representar uma parte de si, principalmente quando você gasta a maior parte do tempo focado em se preocupar e cuidar dos outros.

39. ACEITAÇÃO

Aceitar as coisas como elas são dá uma grande liberdade.

Você não conseguirá avançar em seu caminho se não se livrar de um pouco da culpa, da raiva e do sofrimento que coletou em sua jornada na vida. Ganesha lhe pede para perdoar quem o magoou no passado e estar disposto a se perdoar também. Abra seu coração aos mundos exterior e interior. Esse estado de reconhecimento e aceitação mais profundo é o que o impulsiona em sua aventura espiritual.

Ame sem julgamento e viva sem opiniões predeterminadas. Aceite e expresse seu verdadeiro eu. O ego começa a se alinhar com a alma. Que alívio! Você não precisa controlar, arrumar ou saber tudo. Se estava sério e tenso demais, agora começa a se lembrar da felicidade. Você vai descobrir que pode rir das coisas em vez de ficar furioso. Sua satisfação na vida melhora dramaticamente quando aproveita sua habilidade de ver o mundo de uma perspectiva mais espiritual.

A imagem de Ganesha segurando a banana simboliza humildade e saber não dar importância demais aos seus pensamentos ou crenças nessa situação. Sua barriga protuberante significa a generosidade da natureza. Dizem que Ganesha consome a tristeza do Universo e protege o mundo. Aprenda a honrar os valores dos outros que possam diferir dos seus. Veja a beleza da diversidade. Quando se vê essa beleza, ela se abrirá para você para reconhecer e aceitar sua beleza interior.

40. Busca Espiritual

Você é conclamado a realizar seu pleno potencial e escolher se tornar uma força do bem no mundo.

Ciente disso ou não, você está embarcando em uma grande busca espiritual. Sua alma o leva a uma miríade de descobertas sobre quem realmente é e o que veio conquistar nesta vida.

Cada um de nós tem uma jornada única feita sob medida especialmente para nós e planejada para atingirmos nosso maior potencial. Durante essa busca, você terá uma compreensão significativa do seu propósito aqui na Terra. Para muitos, essa jornada foi precedida por um período de revolta, confusão e conflito, que deu origem a um desejo para maior claridade e respostas concretas sobre o sentido e a finalidade da sua vida.

Nessa jornada espiritual, você ganhará sabedoria, iluminação e um senso maior do seu poder pessoal. Enquanto percorre esse caminho, comprometa-se com a busca e não se sinta tentado por distrações que podem lhe fazer desviar do percurso. Ganesha o pede para concentrar sua energia menos em ter e mais em apenas ser. Seu crescimento espiritual pode ser intensificado pela prática regular da meditação e da autorreflexão dessa vez.

41. Pertencimento

Aprenda a encontrar a segurança dentro de si.

Nesta carta, Ganesha usa o camundongo como seu veículo, significando seu triunfo sobre o ego. Na mitologia hindu, o camundongo simboliza o ego, pois pode roer tudo o que é bom e decente em uma pessoa.

A sensação de pertencimento tenta resolver o apuro da própria separação percebida do ego. Como o ego não tem memória consciente de sua ligação com os outros e com a Fonte, você sente uma "necessidade" de sair da reclusão unindo-se com as pessoas ao seu redor. Elas podem ser sua família, colegas de trabalho ou sua comunidade.

O ego não é bom nem mau, apenas uma parte necessária de você nesta existência. Ele pode manifestar inclinações mais positivas ou negativas por natureza. A sensação de pertencimento tem muitos aspectos positivos: você desenvolve sua habilidade de amar, se conectar, cria laços, compartilha e cuida dos outros. Você se vê mais claramente no espelho do relacionamento. No pertencimento, é importante que você não tente buscar a aprovação dos outros.

Com esta carta, Ganesha está aqui para ajudá-lo a se concentrar nos sentimentos positivos de fazer parte de uma comunidade. Aprenda a confiar, pedir ajuda e a contar com os outros.

42. Conquista

Você está cercado de fartura e prosperidade, luxo e qualidade, prestígio e sofisticação, valor e elegância.

Muitas histórias contam que Ganesha tem duas esposas: *Siddhi* (sucesso) e *Riddhi* (prosperidade). O simbolismo dessas duas mulheres indica que, se você percorrer o caminho proposto por Ganesha, sucesso e prosperidade estarão sempre ao seu lado.

A busca por sucesso material raramente traz consigo a conquista de objetivos espirituais. Ganesha quer que você perceba isso, desenvolvendo ativamente sua espiritualidade e trabalhando de forma consciente com a Divindade. Você sentirá efeitos positivos decorrentes em todas as áreas de sua existência. Quando permanece conectado com sua natureza espiritual, tem uma mente mais serena. Desenvolve uma percepção de si com aceitação. Essa atitude ajudará a abrir seu coração às questões espirituais. Um alto nível de autodomínio, além de uma prática muito ética, aumentará a probabilidade de desfrutar de sucesso material.

Quanto mais pessoas descobrirem as recompensas de uma vida espiritual mais dinâmica e plena, esse sucesso se tornará a norma na sociedade, e não uma exceção para alguns indivíduos excêntricos. Quanto mais os relacionamentos entre seres humanos evoluírem para uma relação verdadeira, mais a humanidade conquistará além dos limites presentes de conhecimento e extensões materiais de sucesso. Faça parte de uma fraternidade governada por amor, trabalhando para construir uma sociedade global mais feliz, amorosa e produtiva.

43. Inocência

Os gestos mais simples de amor e respeito podem convencer até os mais duros corações.

Nesta carta, a luminosidade da aura ao redor de Ganesha retrata a inocência. Ao ser suave e tranquilo, você dá ao Universo a oportunidade de auxiliá-lo a criar seus desejos. Livre-se de cinismos. Você já se viu se tornando cada vez mais crítico com o passar do tempo? Ao ganhar mais experiência, às vezes, a familiaridade de uma situação pode fazer com que você perca o contato com sua inocência. É apenas natural esperar resultados semelhantes aos que você já teve no passado quando surgem na sua vida situações parecidas. Porém, não se esqueça de que a mudança e a transformação são sempre possíveis.

Você está recebendo uma oportunidade de tratar essa situação com uma paz renovada. Se estiver passando por mudanças profissionais, nos relacionamentos ou até na direção que sua vida toma, trate isso com um senso de exploração e a curiosidade empolgada de uma criança. Deixe de lado ideias preconcebidas que se desenvolveram na sua mente com o tempo. Deixe seu coração centrado e em um lugar de paz.

Invoque a orientação de Ganesha todos os dias para renovar sua mente e revigorar seu pensamento. Com a ajuda dele, contemple cada situação encontrada. Peça para Ganesha ampará-lo. Lembre-se de rezar pela libertação dos medos, das preocupações e das obsessões nocivas que possam controlar seus pensamentos e danificar sua alma.

Responsabilize-se por suas decisões e seus resultados. Apenas saber que você é responsável o ajudará a tomar decisões com seriedade e mais consideração.

44. BÊNÇÃOS

Você tem proteção divina.

Ganesha lhe pede para considerar o que exatamente você quer neste momento. Ele afirma que seus desejos estão ao seu alcance. O Universo conspira para ajudá-lo a conquistar suas aspirações. Como o Universo está em harmonia com seus desejos, o "como" transcorrerá sem problemas.

Ganesha lhe concede bênçãos de sorte, amor e novas perspectivas. Seja bem claro quanto às suas intenções neste momento. Depois de identificar o que deseja, Ganesha trabalhará para remover os obstáculos e amplificar suas bênçãos. Resista à tentação de sucumbir ao comodismo. Você está em uma excelente fase de fartura. Esse período não durará para sempre, então tire vantagem dele e aja quando as oportunidades surgirem. A determinação triunfará. A lei das probabilidades trabalha ao seu favor agora. Quanto mais você perpetuar algo que quer, maior probabilidade terá de receber isso, mesmo que pareça impossível. Essas possibilidades de manifestação são infinitas e variam em assunto: do amor para o dinheiro, passando por sucesso e felicidade.

Ganesha ensina que suas bênçãos são contínuas. A compreensão da benção pode não ser imediatamente aparente. Creia que você sempre recebe a felicidade e as bênçãos. O que acontece na sua vida neste momento é externo e está além do seu controle. As verdadeiras felicidade e bênçãos estão dentro de si; na sua alma e no seu coração.

45. PROSPERIDADE

Você pode manifestar prosperidade no seu cotidiano.

Ganesha pede que você se esforce para juntar e aceitar a verdade espiritual de que você cria sua própria realidade. Compreender isso verdadeiramente faz toda a diferença em se tratando de prosperidade. Você é responsável por criar e gerar seu sucesso. É seu direito divino. Um trabalho por si só não lhe traz riquezas. A abundância é mais do que um trabalho ou ter dinheiro. É uma atitude. Trata-se de viver com apreciação e gratidão diariamente por todas as bênçãos concedidas na sua vida.

É fácil esquecer ou ignorar as dádivas que você recebe dia após dia do Universo, das divindades, da Fonte, do Criador. Uma das suas dádivas prometidas é sua habilidade divina de gerar o sucesso que quer na vida usando seus talentos espirituais. Essas são habilidades natas, isto é, você nasceu com elas. Elas podem incluir: escrita, fala, expressão criativa ou habilidade comercial. Use seus dons. Você recebeu uma oportunidade de notá-los e desenvolvê-los e começar a oferecê-los ao mundo.

Você pode começar a manter um diário da prosperidade. Peça para Ganesha trabalhar com você nisso. Imagine como seria um dia perfeito e o descreva em detalhes no seu diário. Use todos os seus sentidos para deixá-lo o mais real possível. Veja, ouça, sinta, cheire, prove e toque essa experiência na sua mente e no seu coração para ajudá-la a se tornar realidade. Esta é uma carta de fartura. Ganesha o lembra de que você tem tudo de que precisa agora. É hora de reivindicar sua fartura.

46. Esplendor

Busque e honre a beleza e o esplendor dentro de si e ao seu redor.

Ganesha está cercado por beleza nesta carta e chama sua atenção para ela. Desperte para o que o cerca neste momento. Veja mais de maneira profunda e conheça o impacto do seu ambiente no que você cria na sua vida. Ganesha recomenda que deixe a beleza penetrar em seu coração. Você responderá naturalmente a essa beleza cultivando mais amor e carinho, não só na sua vida, mas também na vida daqueles que o cercam.

Se sua voz crítica esteve hiperativa ultimamente ou se você se viu em meio a comportamentos negativos, alinhe-se por um momento. Você chegou a este mundo como um indivíduo único e magnífico. O centro de seu ser é pleno, belo e repleto de amor. A essência de seu eu superior deseja, nada mais nada menos, que você se torne aquilo que foi criado para ser.

Ganesha está de pé em um campo cercado de flores. As flores simbolizam a perfeição e a beleza. A variedade de cores derrama uma energia amorosa de cura na sua direção. As borboletas simbolizam a mudança e a evolução pelas quais sua alma passa. Lembre-se de conhecer seu ambiente. Veja o esplendor que lhe é mostrado e use essa energia para apoiar suas próprias transformações.

47. ALEGRIA

A alegria é o estado do coração e da alma.

A alegria acontece quando coração e alma se unem. Essa união é para conseguir expansão para um bem maior relativo ao seu caminho divino. A alegria pode criar em você um sentimento de satisfação, aceitação e serenidade. Mesmo quando sua vida está na correria, você sente um conhecimento profundo de que, aconteça o que acontecer, será para o bem maior de todos os envolvidos. Ter esse conhecimento lhe traz uma determinação espiritual. Apesar das circunstâncias difíceis como essas pelas quais pode estar passando atualmente, você encontrará sua felicidade no fim.

Com esta carta, Ganesha reconhece seu estresse e exaustão enquanto você trabalha para se adaptar a novos padrões de comportamento e libertar suas velhas histórias. Você pode não estar feliz agora, mas é capaz de sentir alegria ao saber que passar por uma situação difícil é importante. Você deve perceber que veio para esta existência para ter certas experiências e aprender lições de vida muito específicas.

Seja honesto consigo; permita-se ter sentimentos e emoções. Lembre-se de que, se seu coração estiver quebrado e a cura acontece, você provavelmente lutará contra sensações e sentimentos profundos que ficaram reprimidos dentro de si uma vida toda. Divida seus pensamentos, sensações, emoções e ansiedades com aqueles que puderem apoiá-lo neste momento. A alegria será o resultado final. Sua energia e sua luz interior estão mudando para revelar o grande plano da sua vida.

Nesta carta, Ganesha segura guirlandas feitas de flores de algodão de seda, que têm a habilidade de eliminar a energia negativa do corpo e da mente de uma pessoa. No seu olho mental, faça uma oferenda de guirlandas com essas flores para Ganesha. Em troca, ele o abençoa com boa saúde e imunidade às doenças.

48. Amparo Divino

AUM é uma ferramenta potente para trazer foco e consciência do sentido mais profundo da vida.

Ganesha é muito ligado à sílaba mística AUM (às vezes escrita como "OM"). O AUM sagrado é o símbolo universal mais importante da presença divina no Hinduísmo. É considerado o som cósmico, gerado na criação do mundo. A forma escrita desse símbolo divino no sentido oposto proporciona o contorno impecável de Ganesha.

O uso do som AUM vai ajudá-lo a se conectar com o amparo divino disponível para você agora. Ganesha está pronto para compartilhar sua sabedoria, conhecimento e orientação natos em seu ser. Agora, terá a oportunidade de cultivar um relacionamento mais íntimo com Ganesha ou com qualquer Mestre Ascensionado ou ser divino que ressoe com você.

Valer-se do amparo divino facilita uma conexão maior com sua voz divina, que pode ser uma fonte de inspiração e grande sabedoria em momentos de incerteza ou desafio. O desejo de Ganesha é ajudá-lo no seu caminho de vida. Saiba que ele o guia para longe do medo, da mágoa e da angústia e na direção da luz e do amor no centro de seu ser – a mesma luz e amor que ressoam pelo vasto Universo e estão contidos no som universal do AUM. Entoe esse tom ou ouça uma gravação de AUM para iniciar a mudança energética necessária dessa vez.

49. Relaxamento

O relaxamento é importante para sua saúde, humor, relacionamentos e bem-estar geral.

É fácil ficar emaranhado em ansiedade, preocupação, estresse e pensamentos paralisantes. Sua vida cotidiana pode estar cheia de um monte de estresses que afetam seus pensamentos e o fazem se sentir desconectado com a verdade do seu ser.

Dedicar tempo para o relaxamento proporciona uma fundação sólida para auxiliá-lo a conseguir levar uma vida mais equilibrada e menos estressante. Repouso é fundamental para ajudar a aliviar a tensão e outras preocupações com a saúde. Desfrute de um "banho espiritual", acrescentando óleos essenciais e sal marinho à água, acenda luzes, queime incenso e, se possível, use cristais de quartzo transparente e rosa para intensificar a natureza curativa da experiência. Use esse momento para se centrar e se equilibrar. Praticar técnicas de respiração profunda também pode trazer calma e paz. Lembre-se de respirar fundo antes de agir por impulso, pois isso encherá seu organismo de oxigênio fresco e aliviará a ansiedade.

As afirmações são outra ótima ferramenta para ajudá-lo a relaxar e desenvolver corpo, mente e espírito. Ao repetir declarações positivas afirmadoras da vida sobre si, você notará as manifestações poderosas delas na sua vida. Peça orientação para Ganesha no seu curso espiritual rumo à expansão e à iluminação, e saiba que você pode relaxar agora e aproveitar a jornada.

50. CORAGEM

O calor do seu coração aberto pode dar conforto a todos que cruzarem seu caminho.

A raiz da palavra coragem é *cor*, coração em latim. A coragem vem do coração. É uma força interior guiada pelo amor que busca verdade e justiça.

Quando você tem a coragem de ser verdadeiro consigo, começa a se sentir fortalecido para agir e viver de um modo verdadeiro com sua alma, sem ilusão. Ganesha recomenda que você baixe a guarda e pare de usar uma máscara. Comece a ter mais respeito por si e pelos outros. Cuidado com os julgamentos severos sobre si mesmo e sobre os demais. Quando você fizer uso do coração, descobrirá que se relaciona melhor com as pessoas. Seus dons inatos poderão brilhar. Você será capaz de liderar, conquistar e inspirar os outros a serem bem-sucedidos por meio do seu próprio sucesso.

Quando você tira esta carta, é sinal de que se intensificaram sua habilidade de cooperar e de prosperarem sociedades com indivíduos que pensam igual a você. Disponha-se a fazer o que for necessário para as coisas correrem bem para você. Ganesha promete grande sucesso se você estiver disposto a derrubar seus muros. Aqui, ele é retratado montado no seu poderoso leão, herdado de sua mãe Parvati. O leão representa a natureza feroz de Ganesha. Ele apela agora para você confiar na parte destemida de seu ser, no seu leão interior, e o convida a trabalhar com ele para aprender a ser valente e domar sua grande coragem do coração.

BIBLIOGRAFIA

BHOWMIK, Raja. *All Myths and Facts about Sri Ganesh: the Icon of Success*. Bangalore: Raja Bhowmik, 2014.

JAGANNATHAN; SHAKUNTHALA; NANDITHA KRISHNA. *Ganesha, the Auspicious, the Beginning*. Bombay: Vakils, Feffer & Simons, 1992.

PATTANAIK, Devdutt. *99 Thoughts on Ganesha*. Mumbai: Jaico Pub House, 2011.

SUBRAMUNIYAWAMI, Sivaya. *Loving Ganesa: Hinduism's Endearing Elephant Faced God*. 2. ed. Delhi: Motilal Banarsidass, 2000.

ZIMMER, Heinrich Robert. *Myths and Symbols in Indian Art and Civilization*. Princeton: Princeton UP, 1976.

MADRAS Editora

Para mais informações sobre a Madras Editora,
sua história no mercado editorial
e seu catálogo de títulos publicados:

Entre e cadastre-se no site:

www.madras.com.br

Para mensagens, parcerias, sugestões e dúvidas, mande-nos um e-mail:

marketing@madras.com.br

SAIBA MAIS

Saiba mais sobre nossos lançamentos,
autores e eventos seguindo-nos no facebook e twitter:

@madrased

/madraseditora